Collection de M. le Docteur G...

# SCULPTURES

ET

# OBJETS D'ART

DU MOYEN AGE ET DE LA RENAISSANCE



PARIS 1909

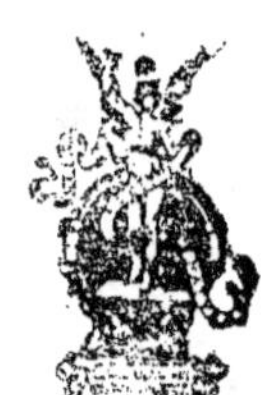

# CONDITIONS DE LA VENTE

Elle aura lieu *au comptant.*

Les adjudicataires paieront *dix pour cent* en sus des enchères.

L'exposition mettant le public à même de se rendre compte de l'état et de la nature des objets, aucune réclamation ne sera admise une fois l'adjudication prononcée.

Paris — Imp. de l'Art, Ch. Berger, 41, rue de la Victoire.

# DÉSIGNATION

## OBJETS D'ART

1 — Deux poignées de portes en bronze, à motifs de mascarons et de dauphins. xviie siècle.

2 — Serrure en fer, munie de sa clé, à poignée repercée. xvie siècle.

3 — Motif d'armoiries en fer gravé, avec traces de dorure représentant un aigle à deux têtes, aux ailes éployées. xviie siècle.

> Haut., 22 cent.

4 — Deux paires d'étriers en bronze. Travail oriental.

5 — Petite marmite en dinanderie, munie de trois pieds et d'une anse mobile, avec attaches en forme de têtes humaines.

6 — Boite cylindrique à anse et à couvercle en cuivre repoussé, ornée d'une frise de rinceaux et d'un écusson armorié. Ancien travail italien.

7 — Tronc en cuivre, de forme cylindrique, orné d'une cordelette torse et muni d'un moraillon formé d'une figurine de dragon. xviie siècle.

8 — Deux appliques en bronze doré : bustes d'anges et un petit pied de cabinet formé d'une figure de lion en bronze doré. Trois pièces. xvi<sup>e</sup> siècle.

9 — Plaquette en bronze, représentant le Christ de pitié entre la Vierge et saint Jean. Figure d'ange à la partie supérieure, inscription et la date : *1511*.

10 — Encrier, de forme circulaire, à motifs de mascarons et de rinceaux feuillagés ; il est muni de son couvercle formant sablier. Travail italien.

11 — Encrier, de forme circulaire, en bronze, à décor de mascarons et de rinceaux, posant sur trois pieds formés de figurines de lions. Travail italien.

12 — Buste de vierge, tournée de profil à gauche, drapée et voilée. Bronze doré. xvi<sup>e</sup> siècle.

Haut., 16 cent.

13 — Petit buste en bronze, représentant une femme décolletée. xviii<sup>e</sup> siècle.

14 — Statuette-applique en cuivre repoussé, représentant un apôtre debout drapé, tenant un livre et l'agneau. Italie, xv<sup>e</sup> siècle.

Haut., 26 cent.

15 — Statuette en bronze : figurine allégorique du Temps.

Haut., 19 cent.

16 — Statuette en bronze, avec traces de dorure : Mercure. Travail italien, xvii<sup>e</sup> siècle.

Haut., 17 cent.

17 — Petite statuette en bronze, représentant un amour ailé. Patine antique.

Haut., 13 cent.

18 — Horloge de table, de forme carrée, à cadran horizontal gravé de fleurs et de feuillages. Travail allemand, xvi<sup>e</sup> siècle.

19 — Horloge de table, de forme hexagonale, en cuivre doré et gravé, portant la marque : *Otto Halencher à Augspurg*. xvi<sup>e</sup> siècle.

20 — Affiquet en bois sculpté, à motifs de personnages et de dauphins. xviii<sup>e</sup> siècle.

Haut., 29 cent.

21 — Deux plaquettes rectangulaires en ivoire sculpté en bas-relief, présentant des sujets mythologiques. xviii<sup>e</sup> siècle.

Long., 18 cent.; haut., 85 cent.

22 — Petite râpe à tabac en ivoire sculpté, présentant Vénus et l'Amour inscrits dans un médaillon, volutes et ornements feuillagés au pourtour. xviii<sup>e</sup> siècle.

23 — Feuillet de diptyque en ivoire sculpté, représentant la Crucifixion, disposée sous une triple arcature gothique. France, xiv<sup>e</sup> siècle.

Haut., 9 cent.; larg., 55 cent.

24 — Couvercle d'encensoir en cuivre champlevé, à motifs de rosaces découpées, xiii° siècle, et deux autres pièces, en bronze, provenant d'encensoirs.

25 — Calice en cuivre, la tige à pans est interrompue par un nœud orné de petits émaux peints.

26 — Croix en cuivre doré et gravé, ornée sur la face d'un Christ, de la Vierge et de saint Jean, d'Adam et d'un ange, en relief, et au revers des symboles des évangélistes, de rinceaux feuillagés et d'inscriptions. Italie, xv° siècle.

Haut., 54 cent.

27 — Navette en cuivre champlevé et émaillé, le couvercle est orné de six cabochons sertissant des pâtes de verre. Limoges, xiii° siècle.

28 — Petite croix en cuivre champlevé et émaillé. Limoges, xiii° siècle.

Haut., 20 cent.

29 — Base de croix en cuivre doré ; le nœud est orné de six petites plaques en argent gravé, représentant des bustes de saints personnages. Italie, xv° siècle.

30 — Base de croix processionnelle en cuivre doré et gravé, à décor de médaillons et de rinceaux. Travail italien, xvi° siècle.

31 — Environ quarante-quatre feuillets de manus-
crit provenant d'un livre d'heures, ornés de
lettres et d'ornementations marginales formées
de feuillages, de fleurs et de rinceaux.

L'un d'eux est décoré d'une miniature représentant l'Annonce aux Bergers.

Écriture gothique en noir et en rouge. Vélin,
xvᵉ siècle.

> Haut., 19 cent.; larg., 13 cent.

32 — Petit coffret rectangulaire à couvercle plat en
marqueterie d'os et d'ivoire teintés. Travail
italien, xvɪᵉ siècle.

> Larg., 15 cent.; haut., 7 cent.

33 — Coffret de forme carrée en cuir noir, à couvercle plat chanfreiné, muni d'une garniture en
fer avec moraillon et poignées. xvᵉ siècle.

34 — Deux coffrets, l'un en bois peint en rouge,
avec armature en fer, l'autre garni de cuir noir
avec serrure à moraillon et poignée mobile.

35 — Grand coffret de forme carrée en cuir, à décor
de rinceaux, d'oiseaux et d'inscriptions; il est
muni d'un moraillon et de garnitures en fer.
Ancien travail espagnol.

36 — Très grande crosse à motifs de feuillages et
volutes en fer repoussé et découpé. Provient
de l'ancien prieuré de Saint-Maixent. xvɪɪᵉ siècle.

> Haut., 2 m. 90 cent.

37 — Trois arcatures en bois sculpté à motifs
gothiques.

Haut., 2 m. 60 cent.; larg., 78 cent.

38 — Petit volet en bois, orné de deux panneaux
sculptés et repercés. XVIIᵉ siècle.

39 — Porte en chêne sculpté, à décor de quatre panneaux serviettes. XVᵉ siècle.

Haut., 1 m. 90 cent.; larg., 72 cent.

40 — Coffre en chêne, décoré sur la face de deux
panneaux à fenestrages gothiques. XVᵉ siècle.

Larg., 1 m. 28 cent.; prof., 63 cent.

41 — Coffre gothique, orné sur la face de quatre
panneaux sculptés et muni d'une serrure à
moraillon. XVᵉ siècle.

# SCULPTURES

42 — Buste en marbre blanc : Jupiter. Travail ro-
main antique.

> Haut., 28 cent.

43 — Fragment de statuette égyptienne en basalte,
figurant une déesse à tête de lionne.

> Haut., 22 cent.

44 — Tête de personnage barbu en terre cuite.
Ancien travail italien.

45 — Buste-reliquaire en marbre sculpté, représentant un jeune garçon. Ancien travail italien.

> Haut., 38 cent.

46 — Buste de jeune personnage en terre cuite
peinte, vêtu d'une tunique garnie d'un col orne-
menté. Ancien travail italien.

> Haut., 29 cent.

47 — Groupe en marbre blanc, représentant la
Visitation. Fin du xve siècle.

> Haut., 60 cent.

48 — Deux chapiteaux en pierre sculptée à motifs
de feuilles. xive siècle.

49 — Petit groupe en bois sculpté et polychromé,
avec traces de dorure, représentant l'Adoration
des Rois Mages. Travail flamand, fin du xve
siècle.

> Haut., 31 cent.

50 — Petit médaillon en pierre sculptée, représentant une femme vue à mi-corps. XVIᵉ siècle.

Diam., 23 cent.

51 — Fragment de bas-relief en marbre blanc, représentant le Christ de pitié. Travail italien, XVIᵉ siècle.

52 — Médaillon circulaire en marbre blanc, représentant un buste d'Hercule tourné de profil à droite. Ancien travail italien.

Haut., 45 cent.

53 — Petit haut relief en albâtre, représentant sainte Marthe. XVᵉ siècle.

Haut., 34 cent.

54 — Statuette de sainte femme en bois sculpté polychromé, avec traces de dorure; elle est assise, drapée de long et voilée, elle tient les mains jointes devant elle dans l'attitude de la prière. XVᵉ siècle.

Haut., 75 cent.

55 — Buste en bois sculpté de saint personnage barbu. XVIᵉ siècle.

56 — Statuette en pierre, représentant la Vierge debout, drapée de long, et tenant l'Enfant Jésus. Travail bourguignon, commencement du XVIᵉ siècle.

Haut., 70 cent.

57 — Petite statuette en bois sculpté et polychromé,
représentant saint Sébastien attaché à l'arbre.
Travail espagnol. xvıe siècle.

Haut., 25 cent.

58 — Statuette de sainte femme debout, vêtue d'une
robe ajustée, ornée d'une guimpe plissée, drapée dans un long manteau dont les plis sont
ramenés sur le devant du corps. Travail fran-
çais du xvıe siècle. (Restaurée.)

Pierre. Haut., 83 cent.

59 — Fragment de rétable en bois sculpté et polychromé, représentant une scène de la vie du
Christ. xvıe siècle.

60 — Buste de jeune femme en marbre blanc, elle
est coiffée d'une natte volumineuse disposée
d'une façon curieuse.

61 — Chapiteau en pierre sculptée, à décor orne-
mental. xıı⁰ siècle.

62 — Chapiteau en pierre de forme quadrangulaire,
à motifs de feuillages. xıve siècle.

Haut., 27 cent.

63 — Statuette en pierre de personnage couronné
et vêtu d'un long manteau ; il tient de sa main
gauche un modèle de cathédrale.

Haut., 70 cent.

64 — Haut relief en pierre sculptée et peinte, représentant saint Michel terrassant le démon. Ancien travail italien.

65 — Deux chapiteaux de forme carrée en pierre sculptée, à décor de larges feuilles, de volutes et de rosaces. xive siècle.

66 — Partie de linteau en pierre, à décor de pampres sculptés en très haut relief. xve siècle.

Long., 1 mètre.

67 — Groupe d'applique en bois sculpté, avec traces de peinture, représentant la Vierge assise, tenant l'Enfant Jésus debout sur ses genoux. xve siècle.

68 — Buste de vierge couronnée et voilée, chêne sculpté. xve siècle.

69 — Buste de sainte femme en bois sculpté, avec traces de polychromie; elle est voilée et munie d'une guimpe formant mentonnière. xive siècle.

70 — Deux bas-reliefs provenant d'un tabernacle et représentant l'Annonciation. Travail italien, fin du xve siècle.

Haut. de chaque bas-relief, 67 cent.; larg., 22 cent.

71 — Partie de rétable en pierre sculptée, avec traces de couleurs, représentant, disposés sous une double arcature gothique, deux saints personnages tenant leurs attributs. xve siècle.

Larg., 53 cent.; haut., 40 cent.

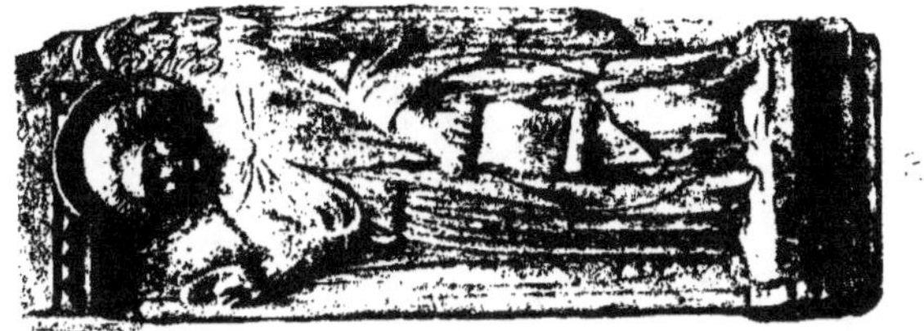

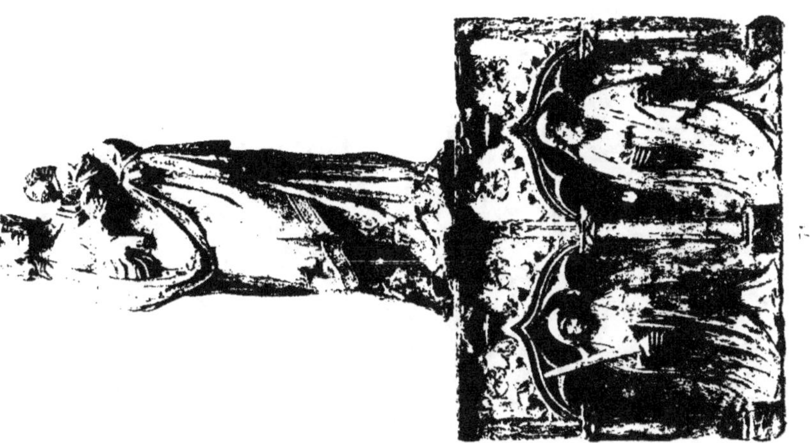

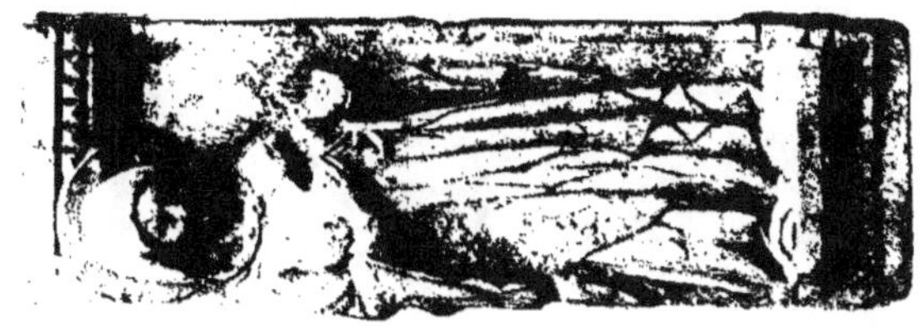

72 — Jolie statuette en pierre finement sculptée,
avec traces de polychromie, représentant la
Vierge debout voilée, drapée dans un long manteau garni de broderies, tenant sur son bras
gauche l'Enfant Jésus auquel elle présente une
grappe de raisin. École de Troyes, XVIᵉ siècle.

Haut., 62 cent.

73 — Petit groupe en pierre sculptée et polychromée, représentant saint Simon et saint Jude,
debout, tenant leurs attributs. XVIᵉ siècle.

Haut., 30 cent.

74 — Bas-relief en bois sculpté, représentant la
Vierge et l'Enfant Jésus. XVᵉ siècle.

75 — Bas-relief en bois sculpté et polychromé à
nombreux personnages, représentant la Mise
au tombeau. Commencement du XVIᵉ siècle.

76 — Statuette en pierre de sainte femme, drapée
dans un ample manteau. Fin du XVᵉ siècle.

Haut., 88 cent.

77 — Grande statue d'applique en chêne sculpté,
représentant la Vierge debout, drapée de long,
tenant l'Enfant Jésus sur son bras droit. Commencement du XVIᵉ siècle.

Haut., 1 m. 45 cent.

78 — Statuette en pierre sculptée, provenant d'un
haut relief et représentant un personnage vêtu
d'un costume de l'époque de Charles VIII. Il
tenait une épée de la main droite, le bras gauche est levé et recouvert par un ample manteau.
(Restaurée.)

Haut., 95 cent.

79 — Tête de Roi Mage en pierre. Commencement
du xvi<sup>e</sup> siècle.

80 — Tête de saint personnage en albâtre. xvi<sup>e</sup> siècle.

81 — Deux consoles en pierre, l'une formée d'un
buste de personnage, l'autre d'une large pal-
mette.

82 — Chapiteau en pierre sculptée, à décor de palmettes et d'entrelacs. Époque romane.

83 — Chapiteau en pierre, à décor d'animaux.
xii<sup>e</sup> siècle.

84 — Chapiteau de forme quadrangulaire en pierre,
à motifs de larges feuilles. xv<sup>e</sup> siècle.

85 — Statue en pierre, représentant la Vierge
debout, tenant l'Enfant Jésus sur son bras
gauche. xv<sup>e</sup> siècle.

Haut., 1 m. 15 cent.

86 — Petite statuette en pierre, représentant un
ange agenouillé, tourné vers la gauche et tenant
un flambeau. Travail italien, xv<sup>e</sup> siècle.

Haut., 40 cent.

87 — Statuette d'applique en bois sculpté et polychromé, représentant la Vierge assise, tenant
l'Enfant Jésus debout sur ses genoux. xve siècle.

Haut., 1 mètre.

88 — Statuette en pierre représentant un apôtre
vêtu d'un curieux vêtement à capuchon et tenant
un livre à la main droite. Fin du xive siècle.
(Incomplète.)

Haut., 70 cent.

89 — Deux chapiteaux en pierre, l'un à décor de
feuillages, l'autre à décor de palmettes et de
grappes de raisins. xiiie siècle.

90 — Deux mitres en pierre sculptée. xvie siècle.

91 — Statuette en bois de chêne, avec traces de
polychromie, représentant la Vierge debout
couronnée, vêtue d'un long manteau, tenant
l'Enfant Jésus sur son bras droit. xvie siècle.

Haut., 1 mètre.

92 — Statue-applique de sainte femme en bois sculpté,
drapée dans un long manteau, tenant un calice
et un livre. Travail allemand, xvie siècle.

Haut., 95 cent.

93 — Deux statuettes en pierre sculptée et polychromée, représentant deux saintes femmes voi-
lées et drapées de long. xvie siècle.

91 — Statue en pierre sculptée et polychromée, représentant un saint évêque mitré, revêtu de ses insignes sacerdotaux et tenant une crosse de la main gauche. xvie siècle.

Haut., 90 cent.

95 — Statuette en bois sculpté et polychromé, représentant une sainte femme assise, voilée et drapée, tenant de sa main droite un vase à parfums. xve siècle.

Haut., 78 cent.

96 — Statuette de saint personnage debout, tenant un livre de la main gauche et un bâton de la main droite. Bois sculpté et polychromé.

Haut., 53 cent.

97 — Statuette en bois sculpté et polychromé, représentant un saint personnage agenouillé et tourné vers la droite. xvie siècle.

98 — Statuette en bois sculpté et polychromé, représentant la Vierge agenouillée devant un lutrin, et provenant d'un groupe de l'Annonciation. Fin du xvie siècle.

99 — Socle en marbre tendre taillé à six pans et orné sur la face d'un écusson armorié. xviie siècle.

100 — Petit haut relief en marbre blanc, représentant le buste de Socrate tourné de profil à droite. Ancien travail italien.

101 — Buste d'homme barbu en marbre blanc, de style antique.

102 — Bas-relief en terre cuite, à nombreux personnages, représentant la Nativité.

Long., 95 cent.; haut., 27 cent.

103 — Petite statuette en bois sculpté, représentant un saint personnage tenant un livre. xvie siècle.

Haut., 40 cent.

104 — Deux petits chapiteaux en pierre sculptée, à motifs de feuilles.

105 — Deux colonnes en marbre, de forme cylindrique, surmontée de deux anciens chapiteaux à motifs de feuilles et de volutes.

Haut. totale, 1 m. 22 cent.

106 — Petit chapiteau d'applique en pierre sculptée, représentant une corbeille chargée de fleurs et de fruits. xviiie siècle.

107 — Groupe en bois sculpté, représentant la Résurrection. xvie siècle.

Haut., 50 cent.

108 — Groupe en pierre sculptée, avec traces de peinture et de dorure, représentant la Vierge debout, drapée dans un ample manteau, tenant l'Enfant Jésus sur son bras gauche. xvie siècle.

Haut., 1 m. 15 cent.

109 — Statuette en pierre sculptée, représentant
sainte Barbe debout, adossée contre sa tour,
tenant une palme de la main droite et un livre
de la main gauche. xvᵉ siècle.

Haut., 92 cent.

110 — Pierre tombale en marbre blanc du xvıᵉ siècle, de forme rectangulaire, représentant, sculpté
en relief, un personnage couché sur le dos, vêtu
d'un élégant costume du temps de Charles IX :
pourpoint ajusté boutonnant devant, le col orné
d'une petite fraise ; il est chaussé d'escarpins
recouvrant des bas longs retenus par des jarre-
tières à rubans. Haut de chausses collant sur-
monté de larges bouffants. Petite toque unie.
Les mains sont croisées devant le corps. La
tête et les pieds reposent sur des coussins garnis
de glands. Sur la bordure plate est gravée une
longue inscription latine donnant en partie le
nom du défunt, expliquant que le monument lui
a été élevé par sa femme et à la date du 15 mars
1573.

Haut., 2 mètres ; larg., 85 cent.

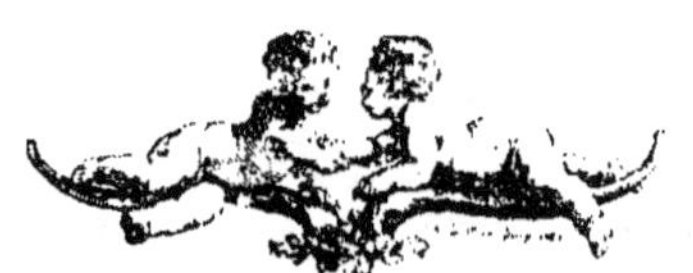

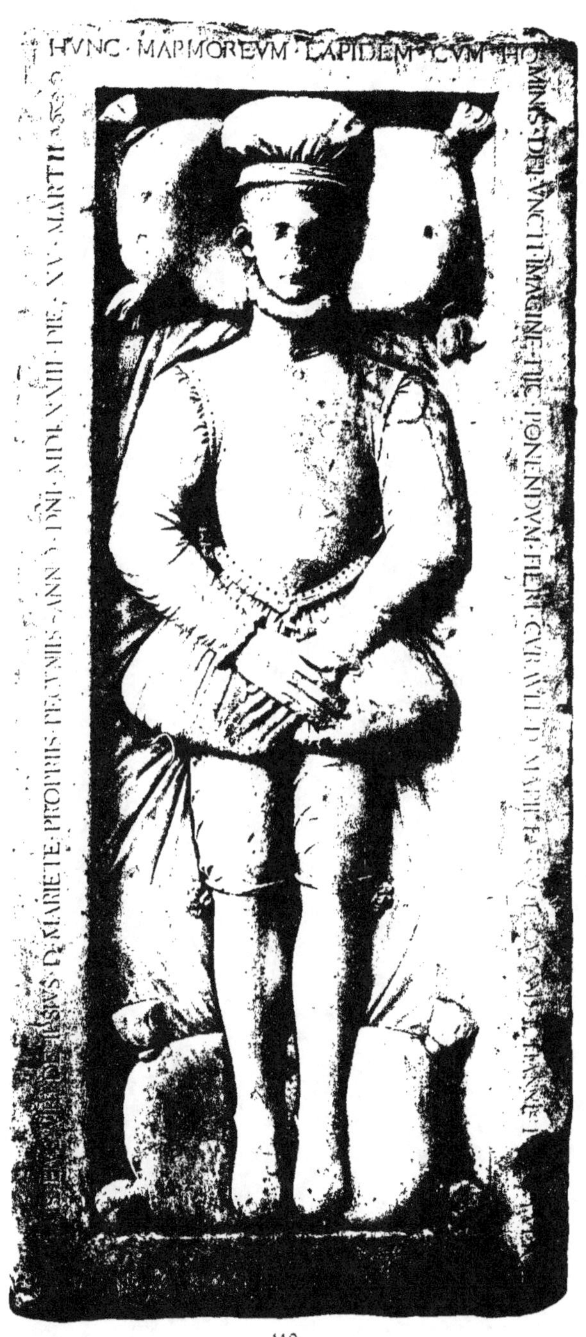

HVNC · MARMOREVM · LAPIDEM · CVM · HO
MINIS · DEI · VNCTI · IMAGINE · HIC · PONENDVM · FIERI · CVRAVIT · D
DE IESVS · Q · MARIETE · PROPRIIS · EXPENSIS · ANN
MARTII